LETTRE

SUR LES DÉCOUVERTES

DE M. DIDOT, l'aîné.

LETTRE
SUR LES DÉCOUVERTES
DE M. DIDOT, l'aîné,

Dans les Arts de l'Imprimerie, de la Gravure des Caractères, & de la Papeterie.

M.

VOUS êtes partisan de M. Didot l'aîné; je le suis aussi; mais sans enthousiasme. Je le crois sur la bonne voie; je suis persuadé que l'amour qu'il a pour sa Profession & l'extrême desir de se distinguer, l'éleveront plus rapidement qu'un autre, au niveau des meilleurs Imprimeurs; mais il n'a pas encore attteint son but. Je suis donc fort éloigné de croire que les ouvrages sortis de ses presses soient *d'une beauté, & d'une perfection dont rien n'a approché jusqu'ici.* Je suis plus éloigné encore de penser qu'il est *impossible d'aller plus loin.* Enfin je croirois attenter aux droits des générations futures à qui M. Didot fournit lui-même des moyens de le surpasser, si j'avançois que ses tentatives, quoiqu'heureuses, ont fixé *les dernières limites de l'Art.* Il est trop au-dessus de la portée de l'Esprit humain de prédire le degré d'intelligence, ou d'engourdissement des Imprimeurs qui succéderont aux nôtres.

Je suis convaincu que M. Didot se gardera bien de s'arrêter au milieu de sa course. Il ira plus loin; ce sera le fruit de son application, de sa persévérance. En se surpassant, il démentira lui-même les éloges outrés

qu'on

qu'on s'eſt trop hâté de lui prodiguer. Mais au point où il eſt parvenu, il laiſſe à déſirer que ſes talens, comme Imprimeur, ſoient ſecondés par des caractères un peu plus nourris. L'attention qu'il donne à l'alignement des mots ajoute beaucoup de grace à l'impreſſion; cependant ce n'eſt pas aſſez : il faut de plus que les mots ſoient également eſpacés entre eux ; que l'intervalle entre les lignes, ſit déterminé avec goût ; que dans l'emploi & la diſtribution des filets, des reglets, & autres ornemens typographiques, il regne un plan uniforme ; & qu'enfin la correction ſcrupuleuſe du texte déclare aux Amateurs & aux Connoiſſeurs que tout ce qu'on peut exiger d'un Imprimeur lui appartient, c'eſt-à-dire, l'exactitude & l'élégance.

Je voudrois donc pour ſa gloire qu'il pût obtenir de ceux qui le préconiſent, de ne jamais amonceler autour de lui des couronnes qui lui fuſſent étrangères. Il eſt juſte de le louer, de l'encourager comme Imprimeur ; mais que gagne-t-il, par exemple, à être préſenté à l'admiration publique comme un excellent *Graveur de caractères*, comme un *excellent Fabricant de papier*? N'eſt-ce donc pas aſſez pour chaque athléte, de fournir avec diſtinction ſa carrière ? Il épuiſeroit ſes forces en s'élançant dans celle d'autrui. Et ſi, n'y donnant qu'un coup-d'œil au lieu de s'y élancer, il ſe préſentoit pour partager la gloire de ceux qui l'ont parcourue, ne s'expoſeroit-il pas à ſe voir conteſter un mérite réel, pour avoir tenté de jouir de celui qu'il n'a pas?

Ce que je dis, M^r, n'a peut-être pas une juſte application à M. Didot; peut-être eſt-il auſſi bon Graveur

de

de caractères, auſſi bon Fabricant de papier que bon Imprimeur. Dans ce cas je lui reprocherois de n'avoir pas ſuffiſamment éclairé ſes Apologiſtes, ſur la réunion de tant de talens. Il falloit les avouer ouvertement, au lieu de s'envelopper de nuages. La modeſtie eſt une vertu ſi rare, qu'on y croit peu. Le voile qui lui ſiéroit le mieux, n'eſt plus regardé que comme le maſque de prétentions qu'on n'oſe produire comme des droits.

Pourquoi un homme de la réputation de M. Didot excuſe-t-il, favoriſe-t-il même par ſa manière de s'exprimer, des doutes qui ne pouvant augmenter ſa gloire, peuvent la diminuer?

Toutes les annonces des Éditions exécutées, ou pro-jettées par M. Didot, portent qu'elles ſeront imprimées avec *ſes nouveaux caractères*. S'il les a gravés, ainſi qu'il l'avance, l'expreſſion eſt exacte; mais ſi ce ſont des caractères dont la forme & la coupe appartiennent à un Graveur, celui-ci eſt le ſeul de qui on puiſſe dire que ce ſont *ſes caractères*. M. Didot devroit alors ſe borner à annoncer, qu'il emploiera des caractéres nou-veaux; qu'il les a préférés parce que la forme & la coupe lui en ont paru plus élégantes que celles des caractères de *Fournier*, par exemple, ou de tout autre Graveur. Il pourroit même ſe faire un honneur, qui n'eſt jamais à dédaigner, celui de nommer le Graveur même, & de l'aſſocier par cet acte honnête & juſte, à la gloire d'enri-chir les Bibliothéques françoiſes & étrangères, d'Éditions remarquables par leur beauté.

» Les Graveurs de caractères ſont peu connus dans la » République des lettres. Par une *injuſtice* dont on a des
» exemples

» exemples plus importans, on a *attribué aux Impri-*
» *meurs* qui ont fait les belles Éditions, une réputation
» & des éloges que devoient *au moins* partager avec
» eux les Ouvriers habiles qui avoient gravé les poin-
» çons, fur lefquels les caractères avoient été fondus.
» Sans les difficultés de l'Art typographique, qui font
» grandes, ce feroit comme fi l'on eût donné *à un*
» *Imprimeur en taille-douce* la gloire d'une belle Eftampe,
» dont il auroit acheté la planche, & vendu au Public
» des Epreuves imprimées avec foin.

» On a beaucoup parlé des Plantins, des Elzevirs,
» des Etiennes, & autres Imprimeurs que, la *beauté*
» & la *netteté* de leurs caractères ont rendu célèbres,
» fans obferver qu'ils n'en étoient pas les auteurs, &
» qu'ils n'auroient proprement, que montré l'ouvrage
» *d'autrui*, s'ils n'avoient travaillé à le faire valoir par
» les foins d'une impreffion propre & foignée.....
» N'eft-ce pas affez pour l'Imprimeur de la louange
» qui lui revient du méchanifme de la compofition,
» de la propreté de l'impreffion, de la pureté de la
» correction, &c. fans lui *tranfporter* encore celle qui
» *appartient* à des hommes qu'on a laiffé dans l'oubli,
» *quoiqu'on leur eût obligation de ce que l'Imprimerie a de*
» *plus beau?* (*Dict. des Sciences au mot:* CARACTÈRES
» D'IMPRIMERIE ».)

Je n'emprunte point ces obfervations dans le deffein
de déprimer M. Didot; je cherche au contraire à lui
préfenter les moyens d'obtenir & de mériter de nouveaux éloges. S'il a lui-même gravé les caractères qu'on
emploie dans fon Imprimerie; qu'il le publie affirma-
tivement,

tivement, il partagera avec *Simon de Colines*, avec *Alde Manuce*, &c. un honneur que les Imprimeurs les plus célèbres, eussent été jaloux de pouvoir ajouter à celui qu'ils se sont fait par leur choix, leur goût & leur intelligence. Si au contraire, M. Didot ne grave pas ses caractères; qu'il se borne à les *acheter*, ou, comme on vient de l'observer, *à montrer l'ouvrage d'autrui*. Que lui en coûteroit-il pour joindre au mérite de se distinguer par le méchanisme de la composition, par la propreté de l'impression, par la pureté de la correction, &c. le mérite de nommer & d'associer à sa gloire le Graveur de caractères, sans lequel il resteroit dans la classe des Imprimeurs qu'il aspire à reléguer si loin de lui.

Je suis un peu plus embarrassé sur l'opinion que je dois avoir des lumières & de l'expérience de M. Didot sur la fabrication du papier. Il s'exprime au sujet du *papier-vélin* d'une manière si embarrassée, si équivoque, que je ne sais s'il veut être regardé comme l'Inventeur en France, de cette qualité si supérieure, & si propre à faire valoir les belles Éditions, & les belles Estampes; ou s'il ne se propose que d'annoncer qu'il est le premier qui ait fait usage de ce papier dans nos Imprimeries. Alors même il ne feroit qu'*acheter & montrer l'ouvrage d'autrui*.

Il dit dans le *Prospectus* de la *Jérusalem délivrée* qu'il exécutera » avec *ses nouveaux caractères* sur le » papier-vélin grand raisin dont IL A TENTÉ AVEC » SUCCÈS la fabrication en France, dès l'année 1779, » dans la Papeterie de Mathieu Johannot, d'Annonay » en Vivarais. Mathieu

Mathieu Johannot eſt le plus habile Papetier de France , & peut-être de l'Europe. Il a ajouté ſes obſervations, ſes perfectionnemens, ſa pratique perſonnelle, aux eſſais & aux lumières de ſes Pères, qui, pendant quatre générations, ſe ſont appliqués à porter leur papeterie au-deſſus de toutes les autres, & certainement *avec ſuccès*. Mais la ſupériorité de ce Fabricant doit être ici comptée pour rien, exactement pour rien.

Suivant le Proſpectus, ce n'eſt pas Mathieu Johannot qui a fait du papier-vélin, c'eſt M. Didot; c'eſt lui qui a tenté la fabrication de ce papier ; c'eſt lui qui l'a tentée *avec ſuccès en* 1779; car il fixe juſqu'à la datte de ſa découverte : c'eſt en 1779 qu'il a recueilli le fruit de ſes premières tentatives ; c'eſt alors qu'il n'a fait que *tenter* , mais *avec ſuccès.*

M. Didot a tant imprimé depuis 1779, ou a tant vanté les Editions qu'il a données, qu'à mon tour je ſerois *tenté* de blâmer ſon exceſſive modeſtie, au lieu de l'admirer. Il ſavoit fabriquer le Papier-vélin ; il dépendoit de lui de faire briller ſa ſupériorité comme Imprimeur, non-ſeulement en ſe ſervant de *ſes* caractères, mais en les employant ſur *ſon* papier ; & cependant il ne s'en eſt aviſé qu'au mois de Mars 1783. C'eſt ce que j'ai peine à concilier avec l'empreſſement, ou plutôt avec l'impatience ordinaire des Inventeurs & avec le reſte de la conduite ordinaire de M. Didot lui-même.

Mais il eſt vraiſemblable que je me trompe, il ne s'agit ici ni de découverte ni de modeſtie de la part de M. Didot. La tournure de ſa phraſe m'a empêché d'en ſaiſir le vrai ſens ; il a voulu dire , ſans doute ,

que

que Mathieu Johannot a tenté de fabriquer du papier-vélin ; que dès 1779, les tentatives donnoient quelque, espérance de succès, que dès lors M. Didot se flatta, qu'à l'aide de cet habile Papetier, il jouiroit tôt ou tard de la satisfaction d'imprimer sur du papier-vélin de France. Si c'est-là le vrai sens qu'enveloppe la phrase de M. Didot, il n'y a que deux reproches à lui faire ; l'un de ne s'être pas expliqué assez clairement, l'autre d'avoir publié trop tard sa conjecture. Ces reproches sont légers ; mais je les crois fondés, & voici ce qui me détermine.

J'ai vu en 1777 ou 1778, entre les mains de M. Francklin, du papier fabriqué en Angleterre, qui n'avoit point ces raies ou ces petits sillons qui déparent les nôtres, & que les Papetiers nomment des *Verjures* & des *Pontuseaux* ; il les montroit pour exciter à les imiter en France ; il en donnoit même des échantillons.

J'ai su qu'on avoit fait passer de ces échantillons dans plusieurs de nos Papeteries ; que des Fabricans intelligens, & peut-être Mathieu Johannot lui-même, firent venir d'Angleterre, par voie d'Hollande, des formes & d'autres instrumens de fabrication ; qu'ils se livrèrent à des essais ; qu'ils les répétèrent & les retournèrent ; mais toujours infructueusement. Ce n'est qu'à la fin de 1782, comme on va le voir, que la découverte a été faite & constatée.

La permission d'imprimer le *Prospectus* des Œuvres de Plutarque, en 24 Volumes in-8°, proposées par souscription, fut donnée à M. Pierres, le 18 Décembre 1782. Je lis dans ce *Prospectus* qu'on tirera 100 Exemplaires

plaires fur papier d'Hollande, 50 fur papier fuperfin *de la fabrique de M. Mathieu Johannot, d'Annonay*, & qu'on fe propofe d'en faire exécuter quelques Exemplaires, fur du *papier-vélin le premier fabriqué en France par M. Réveillon.*

A peu près dans le même tems, M. Pierres imprima in-8°, le Portrait de Henry IV, par M. Le Clerc. Le Frontifpice porte pour date 1783 ; mais l'approbation eft du 23 Décembre 1782. Elle eft précédée d'un avis conçu dans ces termes.

» On a tiré 50 Exemplaires de cet Ouvrage fur *papier*
» *fuperfin* de la fabrique de M. Mathieu Johannot ;
» 50 Exemplaires fur papier-vélin, le *premier* fabriqué
» en France, *par M. Réveillon*, déja connu avantageu-
» fement. ... Cet Ouvrage eft le *premier* fur lequel l'effai
» du papier-vélin ait été fait ».

Ces deux imprimés me paroiffent mériter quelque attention, fur-tout l'avis qui eft à la fuite du Portrait de Henry IV. J'y trouve que pour un Ouvrage qui n'eft tiré qu'à 100 Exemplaires, la moitié fera fur du papier fuperfin d'Annonay de la fabrique *de M. Johanot*. J'en concluds que fi ce Fabriquant, juftement accrédité, eût fabriqué avec fuccès dès 1779, du papier-vélin, il ne l'eût pas laiffé ignorer à un Imprimeur d'une réputation auffi méritée que celle de M. Pierres ; que celui-ci ne l'ignorant pas, fe fût fervi du papier-vélin d'Annonay en même-tems que du papier fuperfin de la même fabrique ; & fur-tout qu'il n'eût pas enlevé l'honneur de cette découverte à M. Johannot, pour en décorer M. Réveillon, en annonçant qu'il eft le *premier* qui ait fabriqué *en France* du *papier-vélin.*

Il eſt poſſible que M. Johannot ait ignoré cette annonce ; mais il me paroît impoſſible par toutes ſortes de raiſons, que M. Didot l'ait ignorée : cependant elle eſt reſtée ſans réclamation, ſoit de ſa part, ſoit de la part de M. Johannot.

M. Moutard a imprimé ſur une permiſſion datée du 17 Janvier 1783, l'annonce du tome XI de la *Biblio-graphie inſtructive*. Il y a inſéré un feuillet en forme de tableau, exécuté ſur du *papier-vélin*, & il eſt dit, page 3, qu'on fait imprimer l'Ouvrage ſur du *papier-vélin* ſans pontuſeaux ni verjures, le *premier* qui ait été fabriqué en France, & qu'il l'a été *dans la manu-facture & par les ſoins de M. Réveillon.*

Voilà encore M. Moutard, Imprimeur très-connu qui ne ſait pas en 1783, que Mathieu Johannot ait fabriqué avec ſuccès du papier-vélin dès 1779, & qui affirme comme M. Pierres, que M. Réveillon eſt le *premier* qui en ait fabriqué en France.

Je me ſuis aſſuré que le 22 de Janvier 1783, M. Réveillon a préſenté des cahiers de ſon *papier-vélin* à l'Académie des Sciences ; que M. Macquer & M. Deſmarêts furent nommés Commiſſaires pour examiner ce papier & en faire leur rapport ; que ce dernier qui a parcouru les principales Papeteries de France & de l'Europe, qui a écrit des mémoires très-détaillés ſur l'art de la Papeterie, qui a été plus d'une fois à Annonay depuis 1779 ; que M. Deſmarêts, dis-je, exigea avant que de faire ſon rapport à l'Académie, que M. Réveillon le menât à Courtalin près Farmoutier en Brie, où ſa Papeterie eſt ſituée, pour pouvoir atteſter, d'après ſes

propres

propres yeux ; qu'on fabriquoit du *papier-vélin* en France, & que celui qu'avoit préfenté M. Réveillon, avoit été fait à Courtalin ; que M. Defmarêts s'y eft en effet tranfporté ; qu'il y a vu faire de ce papier ; qu'il y en a fait lui-même. Et que, fur le rapport des deux Commiffaires, l'Académie a jugé que M. Réveillon étoit *le premier* qui eût fabriqué du papier-vélin en France ; & qu'ayant fait part *généreufement* des moyens par lefquels il y eft parvenu, il mérite non-feulement *les éloges & l'approbation de l'Académie*, mais encore *la reconnoiffance de tous ceux qui s'intéreffent à la perfection de la Papeterie.*

Enfin je me fuis affuré que M. Réveillon ne s'eft pas borné à tenir cette conduite franche & ouverte ; il a été plus loin. Il a fait hommage de fa découverte à M. le Contrôleur-Général, & lui a remis une defcription détaillée de fon procédé, en le fuppliant de vouloir bien envoyer cette defcription dans les Papeteries du Royaume, pour que *TOUS* les Paperiers puffent en fabriquer & en fournir plus promptement & plus abondamment les Imprimeurs de Livres & les Imprimeurs d'Eftampes.

Cette marche eft fimple, naturelle, rapide, & n'annonce point un homme qui chaffe fur le terrein d'autrui, pour tâcher d'en faire conclure que ce terrein d'emprunt lui appartient.

Je ne trouve rien de femblable dans la conduite de M. Didot l'aîné. Son premier pas, ou du moins le premier que j'aie remarqué, fe trouve dans le Journal de Paris du 3 Mars 1783. Il s'agit de la première partie

du

du *Télémaque*, qu'on dit être imprimée *fur papier-vélin* de France *de la fabrique de Mathieu Johannot d'Annonay*. Jufques-là, M. Didot n'étoit pour rien dans la fabrication du papier-vélin ; il avoit l'air de l'acheter de Mathieu Johannot ; le Lecteur pouvoit & devoit même fuppofer que ce Fabricant étoit l'inventeur en France, de cette efpèce de papier.

Dans la Gazette de France du 11 Avril fuivant, Mathieu Johannot difparut ; M. Didot fe contenta d'avertir que la *Gerufalemme liberata*, feroit imprimée fur papier-vélin de France.

Le Profpectus de cette fuperbe Edition, parle, comme on l'a vu, & de M. Didot & de Mathieu Johannot ; du premier, comme de celui qui a fait exécuter en 1779, une nouvelle efpèce de papier ; du fecond, comme d'un Ouvrier qui a bien voulu lui prêter les ateliers où il a *tenté avec fuccès* cette fabrication.

Le Journal de Paris du 25 Avril, fert encore mieux M. Didot, du moins en apparence : il annonce que celui-ci doit exécuter fa fuperbe Edition avec *fes* nouveaux caractères, fur le papier-vélin dont il a tenté la fabrication en France en 1779, non-feulement *avec fuccès*, mais *avec le plus grand fuccès*.

Tant de variations & de tatonnemens que je ne puis attribuer qu'à l'embarras ou à la modeftie de M. Didot, me mettent dans l'embarras moi-même. L'exécution de ce papier & fon antériorité *conftatée*, appartiennent évidemment à M. Réveillon. Cependant il eft jufte de confidérer que s'il eft moralement impoffible que M. Didot ait retenu dans le plus profond fecret

pendant

pendant 4 ans, une découverte qui a échappé aux tentatives des meilleurs Papetiers de France ; cette conduite myftérieufe, n'établit pas l'impoffibilité phyfique, des fuccès dont on le glorifie. Il eft phyfiquement poffible que raffuré par fa propre confcience, fur le mérite & fur l'antériorité de fes fuccès, M. Didot ait laiffé M. Pierres & M. Moutard, annoncer qu'ils imprimeroient, & imprimer en effet fur du *papier-vélin* fabriqué par M. Réveillon dans fa Papeterie de Courtalin. M. Didot pourroit avoir vu avec la même indifférence, M. Réveillon foumettre fon *papier-vélin* au jugement de l'Académie, conduire un de fes Commiffaires à Courtalin pour le convaincre que c'étoit-là que le papier annoncé, employé, livré enfuite à l'examen de l'Académie, fe fabriquoit, & qu'on ne l'avoit pas tiré d'Angleterre. Une apathie fi peu commune & fi longue, feroit juftement foupçonner que M. Didot n'eft pas le premier qui ait fait faire de ce papier, mais ne le prouveroit pas.

D'ailleurs il n'a pas plus dit qu'il eût découvert le procédé du papier-vélin, qu'il n'a dit être le graveur des caractères qu'il emploie. Il a dit qu'il avoit fait des *tentatives* ; qu'il avoit *tenté*. Pourquoi attacher à ces expreffions un autre fens que celui qu'elles préfentent ? Seroit-il équitable d'abufer contre lui d'une phrafe de fon Profpectus de la *Jerufalem délivrée*, où il parle de *fon zèle conftant pour perfectionner l'Imprimerie, & les arts fans lefquels elle n'exifteroit point*. Je n'y vois qu'un amour-propre qui s'égare, qui voudroit avoir tout fait dans la gravure des caractères, dans la fabri-

cation

cation du papier; mais je n'y vois point une jactance afsez prononcée, ou afsez adroite pour égarer le Lecteur.

Vous voyez, M^r, que j'aime à rendre juftice aux talens, aux efforts, aux fuccès de M. Didot. Les contefter, ce feroit une injuftice, & l'amour des arts utiles doit porter tous les hommes honnêtes à foutenir par des applaudifsemens le zèle de ceux qui les exercent avec diftinction. D'un autre côté, ce feroit les arrêter dans leur courfe que de leur donner des louanges outrées, parce qu'ils croiroient avoir atteint le terme de la carrière, & qu'ils ne feroient plus d'efforts pour avancer lorfque tout le monde leur crieroit qu'ils l'ont parcourue en entier. Je vous répéte donc avec plaifir que M. Didot me paroît être dans la bonne voie; & qu'il a tout ce qu'il faut pour n'avoir que peu de rivaux, foit en France, foit chez l'Etranger dans l'Art de l'Imprimerie; mais qu'il feroit fage de fa part de s'attacher uniquement au perfectionnement de fon Art, & de laifser les autres jouir paifiblement des découvertes qui leur appartiennent, & qu'il eft hors d'état de leur difputer *avec fuccès.*

Je fuis . . . .

12 Juin 1783.